Prisonnière du tableau !

À ma mère,
une autre mamie Turbo.

Loi n° 49956 du 16 juillet 1949 sur les publications destinées à la jeunesse
ISBN 978-2-09-252869-3
N° éditeur : 10168873 - Dépôt légal : mai 2010
Imprimé en France par Pollina - L54192

Gérard Moncomble

Prisonnière du tableau !

Illustrations de Pierre Mornet

Nathan

un

Un concert pour moi tout seul

MA mamie, c'est un sacré numéro. Elle galope sans arrêt. Quelquefois, je suis fatigué rien qu'en la regardant aller et venir dans la maison. En secret, je la surnomme mamie Turbo.

Ce matin, alors que je suis en train de mastiquer mes céréales, elle déboule dans la cuisine en hurlant :

– Lis ça, Bichon !

Elle pose un petit carton blanc à

côté de mon bol de chocolat. Je lis, bien obligé !

René Beaufort - Gourdon
Conservateur du château de Figuerolle

serait honoré de votre présence
à l'inauguration du nouveau musée.
La cérémonie aura lieu ce

dimanche 7 juillet à 11 heures.

Armes et armures, tableaux d'époque,
meubles, tapisseries.

On est dimanche et il est onze heures moins dix.

– Tu m'accompagnes, Victor. Dépêche-toi.

Quand mamie m'appelle « Victor », ça ne sert à rien de discuter. J'entends déjà la pétarade de son scooter dans le garage. Le chocolat, ça sera pour un autre jour. J'attrape mon casque et je la rejoins dare-dare. On démarre en trombe, comme si on prenait le départ d'un championnat du monde.

Heureusement, c'est tout près. N'empêche, lorsqu'on passe la grille du château, je suis encore vert de frousse. Pendant un moment, j'ai eu l'impression d'être à califourchon sur une fusée.

– Regarde ça, Bichon. C'est pas beau ?

Avec son donjon et ses tours pointues, Figuerolle ressemble à un gros gâteau d'anniversaire. À l'intérieur, c'est rempli de gens qui écoutent un bonhomme parler dans un micro.

– Ils ont déjà commencé, dit mamie.

Moi, ça ne m'intéresse pas. Les discours, c'est pour les grands. D'ailleurs

ça ne passionne pas non plus mamie, on dirait. Elle vient de repérer M. Pluchon, le gardien du musée, qu'elle connaît depuis des années. Ils se mettent à papoter tous les deux, sans se préoccuper de la cérémonie.

Je les laisse. J'aperçois là-bas une ribambelle d'armures plantées le long d'un mur. Ça me fait penser à une équipe de robots en panne.

Enfiler une armure tous les matins, j'adorerais ça. C'est quand même autre chose qu'un survêtement. Et j'en connais qui y regarderaient à deux fois avant de m'enquiquiner, à la récré.

J'avance dans la salle suivante et tout de suite, je vois le tableau, paf, comme s'il me sautait à la figure. Des tableaux, ici, il y en a plein. Mais celui-là, il est spécial, très spécial : une fille, sur la toile, vient de tourner la tête vers moi et me regarde. Me regarde, moi !

Elle est en train de jouer du piano, au milieu d'un tas de gens habillés comme pour un bal masqué et qui l'écoutent religieusement.

J'entends la musique, maintenant. C'est un petit air léger, joyeux, qui sonne comme un refrain de chanson. Je ne rêve pas, non. Je suis parfaitement réveillé. Ce tableau est magique, peut-être. Ou alors j'ai un don pour voir ce que les autres ne voient pas. Maman dit toujours que j'ai un sixième sens. C'est sûrement ça.

Je m'approche doucement, à petits pas. Sur le mur, il y a une petite plaque en cuivre. Je lis :

LOUISE DE B. JOUANT DU PIANO-FORTE DANS LE SALON DU VICOMTE DE B. par M. BRINLUT

Alors je m'assieds par terre et j'écoute la fille en robe blanche.

Elle a une allure du tonnerre, assise bien droite sur son tabouret, avec son petit chignon lié par des rubans bleus. Ses pommettes sont rouges et font comme deux cerises sur son visage. Pour tout dire, je n'ai jamais vu une fille aussi sensationnelle.

Elle garde les paupières baissées, mais de temps en temps elle me jette un coup d'œil. Et elle me sourit. À chaque fois, ça me fait chaud au cœur. J'ai l'impression qu'elle joue pour moi tout seul. J'aimerais que ça dure des siècles.

– Hé, Bichon ! Tu rêves ?

Mamie me tape sur l'épaule.

– Je te cherchais partout, moi. Il est midi, on s'en va.

– Attends, attends !

Je ne peux pas partir comme ça, sans un petit mot d'adieu. J'ai toujours sur moi un carnet où je note plein de trucs. Mon carnet secret. Vite, j'arrache une page, et je griffonne :

Chère Louise de B.

Merci pour le concert,
c'était super. Je reviendrai
t'écouter, promis-juré.

Victor

Je plie la feuille en huit et je la glisse derrière le tableau. Sur son tabouret, Louise de B. a l'air immobile mais je sais qu'elle fait semblant. À cause de mamie.

– C'est pour un jeu de piste, Bichon ?

Pas question de la mettre dans la confidence. Je bredouille un truc incompréhensible en regardant mes pieds. Mamie n'insiste pas. Les secrets, c'est sacré.

– T'as l'air tout chose, dit-elle.

Les grand-mères, ça comprend vite.

deux

En chair et en os

J'AI plané tout l'après-midi. Le soir, devant la télé, c'était pareil. Je n'arrêtais pas de penser à Louise de B., et sa musique me trottait dans la tête.

Ce matin, je l'entends encore. Jamais je ne me suis lavé, habillé, peigné aussi vite. C'est que j'ai drôlement envie de revoir la fille au piano.

– Je retourne à Figuerolle, aujourd'hui, mamie !

– Tu veux que je t'emmène en scooter ?

– Non merci.

À pied, c'est moins dangereux. Et puis j'ai besoin d'être seul.

Château en vue. Zut ! C'est écrit sur une pancarte : *Fermeture le lundi*. On veut m'empêcher d'entrer ou quoi ? Si c'était moins haut, je sauterais bien par-dessus le portail, tiens !

Soudain je la vois, là-bas, dans l'allée. C'est elle ! La fille du tableau ! La même robe, les mêmes rubans dans les cheveux. Elle arrive droit sur moi.

J'ai du mal à respirer. Mon cœur joue du tam-tam. Louise de B. s'arrête devant la grille. Elle tient une enveloppe à la main.

– Je ne pensais pas te voir, aujourd'hui, dit-elle.

Elle a une voix gaie, qui ressemble à sa musique. J'ai la gorge trop serrée pour parler. Tout ce que j'arrive à faire, c'est lui sourire bêtement. Elle me tend l'enveloppe.

– J'allais la poster, justement. C'est pour toi.

Je m'empresse d'attraper la lettre à travers la grille. Toujours incapable de prononcer un mot. Elle se balance d'un pied sur l'autre, et chuchote :

– Ce que je fais là, c'est interdit, tu sais. Maintenant, il faut vite que je rentre…

Je la regarde courir vers le château, avec ses rubans qui voltigent. Alors seulement, quand la robe blanche n'est plus qu'une petite tache au lointain, je crie :

– Louise ! T'en va pas ! Louise !

Je suis nul, mais nul ! Avoir Louise de B. en face de moi et rester muet comme une andouille ! Bravo, Victor !

Elle a disparu, à présent. Comme si tout cela n'avait été qu'un rêve. Mais son parfum flotte encore dans l'air. Et cette enveloppe, elle existe, oui ou non ? Je l'ouvre, la bouche sèche.

Cher Victor,

Ton petit mot m'a fait plaisir.
Tu es le premier garçon de mon âge
qui entend ma musique.
N'en parle à personne surtout.
À bientôt peut-être.

Louise de B.

Je lis la lettre au moins cent fois. J'ai envie de chanter, de danser, j'ai les oreilles qui bourdonnent. « À bientôt, peut-être. » Pourquoi « peut-être » ? J'en ai, des choses à lui dire, moi, à Louise de B. !

Je déchire quelques pages de mon carnet et je gribouille à toute vitesse :

trois

On me met des bâtons dans les roues

C'EST long, toute une matinée à attendre. Je suis nerveux. À midi, je ne touche presque pas à mes frites. Pourtant, c'est ce que je préfère, avec les nouilles. Quand la pendule marque deux heures moins cinq, je m'agite comme un pantin.

– Je vais faire un petit tour pour digérer, mamie.

– Digérer quoi ? Tu n'as rien mangé.

Pas le temps de discuter. Je cavale vers l'église toute proche. Le kiosque à musique est juste derrière. Je suis sûr et certain qu'elle y sera, ma Louise de B. Enfin, j'espère.

Mais là-bas, il n'y a personne. Au centre du kiosque, il y a juste une grosse enveloppe grise, avec mon nom dessus. J'ouvre.

Musée de Figuerolle,
ce 8 Juillet

Monsieur Bara,

Je vous demande d'arrêter toute correspondance avec ma fille, et surtout de ne plus tenter de la revoir. Louise a une vie réglée comme du papier à musique, elle est très heureuse ainsi.

J'ignore ce que vous entendez par

« foot », « ciné », « télé » mais ça ne me plaît pas du tout. Il est hors de question que Louise quitte le tableau pour un oui ou pour un non. Ici, elle nous est indispensable. C'est pour nous, ses parents, ses amis, ses professeurs, qu'elle joue du piano-forte.

Pour nous seuls et non pas pour des inconnus.

Veuillez agréer, Monsieur, mes considérations distinguées.

Vicomte Archibald de B.

Là, je suis sonné. Cette lettre, c'est un vrai coup de massue. On veut m'empêcher de voir Louise de B., ma joueuse de piano ! Qu'est-ce qu'il a contre moi, le vicomte ?

Quand je rentre, mamie me trouve tout pâle. Elle passe sa main sur mon front, me regarde le blanc de l'œil. J'explique que c'est la chaleur, que ça va passer. Elle me croit à moitié.

J'ai l'impression que mes vacances sont en train de prendre l'eau de toutes parts. Mais à cinq heures, on sonne à la porte.

– Un télégramme pour toi, dit mamie d'un air soucieux.

Il y a de quoi s'inquiéter. Les télégrammes, d'habitude, c'est réservé aux grands. Je décachette le papier bleu. Mamie m'interroge du regard.

– C'est rien. Un copain qui me fait une blague.

Et je file dans ma chambre, parce que mamie essaye de déchiffrer par-dessus mon épaule.

Musée de Figuerolle lundi 8 juillet 15 heures TL 533123 Victor Bara 8, rue des estagousses
34800 Visq-en-Olargues

Impossible sortir du tableau - Stop - Papa m'a enfermée à l'intérieur - Stop - Aide- moi si tu peux - Stop - Louise de B.

Ce vicomte de B. est décidément un drôle de père. Obliger quelqu'un à jouer du piano toute la journée dans un tableau, c'est monstrueux.

Louise de B. m'appelle au secours. Elle a besoin de moi. Je suis gonflé à bloc, maintenant. Pas question de la laisser tomber, jamais de la vie. Parole de Victor Bara.

quatre

Où est-elle, ma Louise de B. ?

J'AI passé toute la soirée à réfléchir, et même une bonne partie de la nuit.

Ce matin, j'ai la solution du problème. Ils ont enfermé Louise dans le tableau ? Eh bien, je vais le faucher, moi, le tableau. Ensuite, je trouverai bien le moyen de la faire sortir. Je percerai un trou, je découperai la toile, n'importe quoi. Ils ne connaissent pas Victor Bara !

Mamie Turbo bricole son scooter dans le garage. J'en profite pour sortir de la maison en catimini et j'arrive au musée au pas de course.

Il n'y a presque personne, à l'intérieur. Je rase les murs, en marchant sur la pointe des pieds. Un vrai roi de la cambriole ! On dirait que j'ai fait ça toute ma vie. Seulement, quand j'arrive devant le tableau, j'ai un gros choc. En face du piano, le tabouret est vide. Louise de B. a disparu. Disparu, parfaitement !

Mince, si je m'attendais à ça... Ça me coupe carrément les jambes. Je me sens complètement vidé. Ratatiné. J'ai comme une grosse envie de pleurer, tout à coup. Je m'assieds par terre, juste en face du tableau.

Une voix forte résonne à côté de moi.

– Tu as un problème, Victor ?

Je tourne la tête. C'est M. Pluchon, le gardien.

– Aucun problème, m'sieur.

Je ne vais tout de même pas lui raconter mon histoire. Il me prendrait pour un fou furieux ! Puis je l'entends grommeler :

– Mais où est donc Louise ?

Je bondis sur mes pieds.

– Louise ? Louise de B., la fille du tableau ?

– Bien sûr, fiston ! Elle était encore là hier soir, à pianoter !

Je ne suis donc pas seul à voir des choses étranges dans ce tableau ! Je n'hésite pas : j'explique tout à M. Pluchon. Il m'écoute en hochant tristement la tête.

– Ce fichu vicomte de B. ! Il a toujours été d'une grande sévérité ! Avec lui, la petite Louise ne rigole pas tous les jours !

– Il faut faire quelque chose, m'sieur !

– Et quoi donc, fiston ? Je ne me mêle jamais des affaires des autres. Chacun chez soi !

Je le regarde partir sans en croire mes yeux. C'est invraisemblable ! On kidnappe Louise de B. et M. Pluchon s'en va comme si de rien n'était ! J'ai envie de hurler, d'appeler le monde entier à l'aide. Mais il n'y a personne d'autre que moi, ici. Moi et ce tabouret désespérément vide.

Il ne me reste plus qu'une chose à tenter, une seule.

Je prends mon élan et je fonce tête baissée dans le tableau. Tant pis si je m'écrabouille sur le mur.

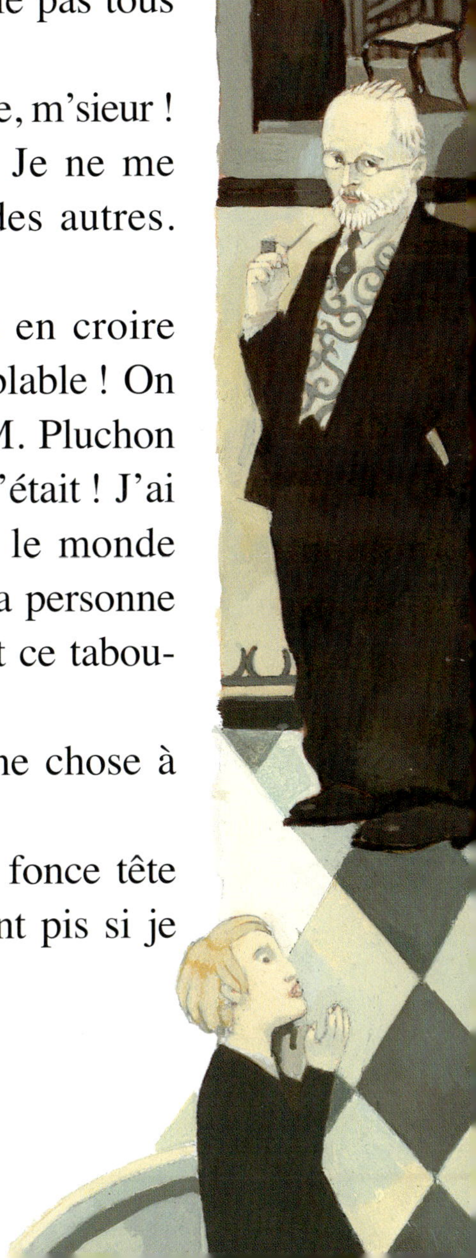

cinq

Une invitation dans les formes

QUAND j'ai touché le tableau, j'ai eu l'impression de m'enfoncer dans un bain moussant. C'était tiède, pétillant, et plutôt agréable. Puis j'ai atterri sur le plancher du salon, juste à côté du piano. À grand fracas, là, par contre ! Le bois, ça n'a rien à voir avec la mousse !

Je me relève tout de suite, avec l'idée de me planquer quelque part. Mais ce n'est déjà plus possible. Des

gens font cercle autour de moi en piaillant.

– Vous ne manquez pas d'audace, jeune homme ! vocifère un grand bonhomme moustachu. Entrer chez moi de cette façon !

Ce doit être le vicomte de B. Il a l'air très en colère. Il me regarde comme s'il allait me manger tout cru.

– Où est Louise ?

J'ai crié le plus fort que j'ai pu. Du coup, tout le monde se tait et le vicomte recule d'un pas. Il a compris. Sa voix déraille.

– V... vous êtes Victor Bara !

Je profite de la stupeur générale pour bousculer une dame à voilette et fonce vers la porte du fond en hurlant de plus belle :

– Louise ! Où tu es ? Je suis venu te chercher !

Car elle ne doit pas être loin, ma Louise de B. Mon sixième sens me le dit.

Derrière moi, c'est la cavalcade. Tout le monde s'est mis à courir à ma poursuite, le vicomte en tête. Mais celui qui rattrapera Victor Bara à la course n'est pas encore né.

Je leur claque la porte au nez, tire le verrou. J'ai gagné quelques minutes de répit. D'abord, je ne vois rien ou presque. La pièce est sombre, à cause des rideaux tirés.

– Louise ! Tu m'entends ? Réponds, quoi !

– Je suis là, Victor.

Je le sais. Son parfum vient de me chatouiller les narines à l'instant. Je la vois, à présent. Elle est assise sur un lit. Son visage fait une tache claire dans la pénombre. On se sourit en

silence. Je me sens un peu bête. Puis j'arrive à articuler :

– Je t'emmène, si tu veux.

– Tu m'enlèves, comme dans les romans ?

On n'a pas le temps d'en dire plus. Le verrou cède et le vicomte de B. apparaît dans l'encadrement, rouge comme un coq, les sourcils et les moustaches en broussaille. Il pointe un énorme doigt vers la porte.

– Sortez, monsieur Bara !

– Victor veut juste être mon ami, papa, dit Louise d'une toute petite voix.

Le vicomte de B. ne semble même pas l'avoir entendue. Avec son bras tendu, il ressemble à une statue de marbre. Je me sens impuissant, tout à coup.

C'est alors qu'une voix éclate à côté, dans le salon. Une voix que je connais par cœur.

– J'arrive, Bichon ! Laissez-moi passer, vous autres !

Une espèce de tornade déboule dans la chambre et mamie Turbo se plante devant le vicomte, les mains sur les hanches.

– Alors c'est vous qui empêchez les petits de se voir ?

Le vicomte de B. est tout pâle. Il chancelle, il bafouille.

– J... je vous en p... prie, madame…

– Pas un mot de plus, monsieur ! Au téléphone, Pluchon m'a tout dit. C'est insensé ! Obliger sa fille à jouer du piano toute la journée ! Lui interdire d'avoir des copains ! Mais vous datez d'un siècle, mon ami ! Mettez-vous donc à la page !

Mamie s'énerve rarement, mais quand ça arrive, c'est terrible ! Ce n'est plus mamie Turbo, c'est mamie

Tempête ! Généralement, personne ne bronche. On file doux et on attend que l'orage passe. C'est ce que fait le vicomte de B.

Mamie continue sur sa lancée :

– Regardez comme votre Louise est pâle, saperlipopette ! Il lui faut de l'air, à cette petite ! On étouffe, dans votre tableau ! Ça sent le moisi et le renfermé ! On ne vous a jamais dit qu'il fallait ouvrir les fenêtres de temps en temps, dans ces vieilles maisons ?

Le vicomte ouvre la bouche, la referme, comme un poisson rouge. Il roule des yeux effarés, se tourne vers la dame à la voilette.

– Dites quelque chose, Eugénie ! Après tout, vous êtes la mère de Louise !

La dame soupire et pose la main sur le bras de mamie.

– Cette femme a raison, Archibald.

Les enfants ont besoin de bouger, sapristi ! Louise n'est pas un oiseau qu'on met en cage !

J'ai l'impression que le vicomte va exploser. La figure écarlate, il fusille sa femme du regard, bombe le torse. Ses moustaches tressaillent, comme si les mots se bousculaient pour passer.

– Un… un oiseau en cage ?

Soudain ses épaules s'affaissent, ses bras retombent. Il rend les armes, enfin.

– Après tout, vous avez peut-être raison, grogne-t-il en essayant de reprendre contenance. Nous ferons comme vous voulez, ma chère.

Mamie Turbo et la mère de Louise échangent un petit clin d'œil, puis mamie lance, d'un ton sans appel :

– Chez moi, le goûter est à cinq heures. Cinq heures tapantes, monsieur de B. Et je fais moi-même les petits fours ! Ils sont excellents !

Elle me prend le bras et nous fendons le groupe des invités. Je me retourne pour jeter un dernier regard à Louise. Elle est debout, souriante, entre son père et sa mère. Ses yeux brillent comme deux perles. À bientôt, Louise, à très bientôt.

Sortir du tableau ne nous pose aucun problème. À peine un léger bruit, comme tout à l'heure.

– On dirait qu'on passe à travers de la mousse, hein, mamie ?

– Moi, je dirais plutôt des blancs d'œufs battus en neige, Bichon.

C'est bien possible. Je manque d'expérience sur la question.

– Tu crois que Louise viendra ?

– Bien sûr, Bichon. J'ai fait une invitation dans les formes, non ?

Ce qu'il y a de chouette, avec mamie Turbo, c'est qu'elle ne doute de rien.

Ce midi, le facteur a apporté une lettre de papa et maman. Ça m'a fait plaisir, sauf que papa rouspète un peu parce que je ne leur ai pas encore envoyé de carte postale. Les parents, ils voudraient toujours qu'on leur raconte ce qu'on fait en large et en travers. La barbe ! Mamie insiste.

– Deux-trois mots, Bichon. Fais un effort, quoi !

Bon, d'accord, je capitule.

Chers papa et maman,

Ça va ? Moi ça va.
On fait des balades en scooter et j'ai visité un musée sensas. J'espère que les hamsters vont bien. J'ai une nouvelle copine, elle s'appelle Louise.

Je vous embrasse tous les deux.

À bientôt *Victor*

Voilà. Pas besoin d'écrire un roman. Et puis on a du boulot sur la planche, avec mamie. Le vicomte vient de téléphoner pour dire qu'ils viendraient goûter tous les trois, lui, sa femme et Louise. Ma Louise de B.

Mamie Turbo est déjà en train de faire un gâteau. Je lui fais confiance, elle connaît la musique. Moi, je vais surveiller la rue. Au premier coup de sonnette, je serai au garde-à-vous derrière la porte.

On a assez perdu de temps comme ça, non ?

TABLE DES MATIÈRES

Gérard Moncomble

Gérard Moncomble aurait voulu être pianiste, comme Louise de B. Appuyer avec ses dix doigts sur des touches blanches ou noires lui aurait beaucoup plu. Vraiment beaucoup. Mais tout ce qu'il est capable de faire, c'est tapoter laborieusement avec ses dix doigts sur le clavier de sa machine à écrire. Du coup, il compose des histoires avec des bémols à la clé.

Pierre Mornet

Une petite fille, un petit gars, un château au milieu des bois ; dans toutes les histoires que j'aimais, tous les beaux livres que l'on m'offrait, toujours et toujours revenaient la petite fille, le petit gars, le château au milieu des bois. Voilà que j'ai aujourd'hui le plaisir sous le pinceau de faire frémir, se rencontrer, s'aimer et rire ce petit gars, cette petite fille, dans le château du fond des bois.

Découvre l'extrait d'un nathanpoche

La petite buveuse de couleurs

Une série écrite par Éric Sanvoisin
Illustrée par Olivier Latyk

« C'était un ancien vampire devenu allergique au sang. Grâce à lui, j'ai commencé à boire les livres avec une paille et j'ai rencontré sa nièce, Carmilla, la petite buveuse d'encre de mon cœur. Ensemble, nous avons inventé une paille-tandem pour siroter à deux les p'tits bouquins et les transformer en pages blanches. (...)

J'étais un vrai buveur d'encre. Le matin, quand je me suis réveillé, le cauchemar a continué car mon amoureuse n'a pas réussi à se lever.

– Mais Carmilla, tu as une mine épouvantable ! »

Et s'il y avait des livres dangereux ? Pour soigner Carmilla, très malade, Odilon va tout faire pour percer ce mystère !